AF156522

20 000 mil podmorskiej żeglugi

· · · · · · · · · · · · · · · ·

Jules Verne

ANALIZA KSIĄŻKI

Napisany przez Dominique Coutant-Defer
Przetłumaczony przez Kâmil Kowalski

20 000 mil podmorskiej żeglugi

JULES VERNE

JULES VERNE

FRANCUSKI POWIEŚCIOPISARZ

- **Urodzony w Nantes w 1828 r.**

- **Zmarł w Amiens w 1905 r.**

- **Godne uwagi prace:**

  - *Podróż do wnętrza ziemi* (1864), powieść

  - *20 000 mil podmorskiej żeglugi* (1869-1870), powieść

  - *W osiemdziesiąt dni dookoła świata* (1873), powieść

Jules Verne, który urodził się w Nantes w 1828 roku, najpierw studiował prawo, a następnie, od 1852 roku, opublikował sztukę teatralną i kilka opowiadań. Zaprzyjaźnił się z poszukiwaczem przygód Jacquesem Arago (francuskim pisarzem i odkrywcą), poznał odkrywców i naukowców. Jego pierwsza powieść, *Pięć tygodni w balonie* (1863), odniosła niebywały sukces. Była ona początkiem jego *Niezwykłe podróże*, na które złożyło się 18 opowiadań i 65 powieści, w tym *Podróż do wnętrza Ziemi* (1864), *20 000 mil podmorskiej żeglugi (*1869-1870), *W osiemdziesiąt dni dookoła świata* (1873), *Tajemnicza wyspa* (1874) i *Michał Strogoff: Kurier Carski* (1876), między innymi. Te dzieła, dobrze zbadane i łączące przygodę, science fiction i wyobraźnię, pokazują zainteresowanie autora postępem technologicznym swojej epoki i jego pasję do podróży.

W 1886 r. śmierć jego redaktora i przyjaciela Julesa Hetzela, a także zmniejszenie zainteresowania nauką, stanowiły punkt zwrotny w jego karierze. Zmarł w Amiens w 1905 r. Dziś jest jednym z najczęściej tłumaczonych na świecie autorów francuskojęzycznych.

20 000 MIL PODMORSKIEJ ŻEGLUGI

JEDNA Z NAJSŁYNNIEJSZYCH POWIEŚCI JULESA VERNE'A

- **Gatunek:** powieść przygodowa

- **Wydanie referencyjne:** Verne, J. (2000) *20 000 mil podmorskiej żeglugi.* Trans. Lewis, M. New York: Scholastic, Inc.

- **Pierwsze wydanie:** 1870

- **Tematy:** podróż, ocean, odkrycie, technologia, wolność, suspens

20 000 mil podmorskiej żeglugi to jedna z najbardziej znanych powieści Juliusza Verne'a. Po raz pierwszy została opublikowana w odcinkach w różnych czasopismach w latach 1869-1870. Wojna opóźniła jej wydanie jako książki ilustrowanej. Historia opowiada o perypetiach narratora, Pierre'a Aronnaxa, francuskiego naukowca, który zostaje uwięziony wraz ze swoim służącym i harpunnikiem na pokładzie *Nautilusa,* łodzi podwodnej dowodzonej przez dziwnego kapitana Nemo. Trzej mężczyźni stawiają czoła fascynującemu światu i, wśród innych przygód, uczestniczą w podwodnym pogrzebie, walczą z gigantyczną ośmiornicą i odkrywają podwodne miasto.

PODSUMOWANIE

ROZDZIAŁ 1

W 1866 roku ludzie są zafascynowani ogromnym potworem morskim, "długim obiektem, o wrzecionowatym kształcie, czasami fosforyzującym, nieskończenie większym i szybszym w swoim ruchu niż wieloryb" (s. 1), który został zauważony przez różnych żeglarzy na różnych morzach. W 1867 roku wszystkie szkody, jakich doznają łodzie, przypisuje się temu potworowi i pilnie trzeba się go pozbyć. W następnym roku narrator, Pierre Aronnax, profesor Muzeum Historii Naturalnej w Paryżu, zostaje zaproszony przez sekretarza angielskiej marynarki wojennej do udziału w ekspedycji mającej na celu upolowanie zwierzęcia.

ROZDZIAŁ 2

Aronnax jest wówczas przekonany, że jego "prawdziwym powołaniem […] było ściganie tego niepokojącego potwora i uwolnienie od niego świata" (s. 16). Udaje się zatem do Nowego Jorku, miejsca rozpoczęcia wyprawy, w towarzystwie swojego sługi Conseila, beznamiętnego Flamanda, który z pasją zajmuje się klasyfikacją gatunków przyrodniczych. Dowódca wyposażył ich łódź w wyrafinowane narzędzia do schwytania potwora, zidentyfikowanego jako narwal (waleń przypominający morskiego jednorożca). Na pokładzie poznajemy również Neda Landa, "księcia harpunników" (s. 24).

ROZDZIAŁ 3

6 lipca łódź okrąża przylądek Horn. Przez trzy miesiące pod-ekscytowana, a potem stopniowo zniechęcona załoga bez-skutecznie przemierza Pacyfik, miejsce ostatnich pojawień się potwora. 4 listopada, gdy jest gotowa do powrotu, łódź zostaje zaatakowana przez gigantyczną fosforyzującą masę. "Nadszedł czas walki" (s. 42) – mówi narrator. W kierunku zwierzęcia zostaje wystrzelona kula armatnia, nie raniąc go, następnie Ned Land rzuca swój harpun, który trafia w potwora. Dwa ogromne potoki wody wylewają się wtedy na pokład, a narrator zostaje wrzucony do morza.

ROZDZIAŁ 4

Udaje mu się nie utonąć, zostaje uratowany przez Conseila, który, całkowicie na usługach swojego pana, wskoczył za nim. Jednak łódź jest daleko i szybko się męczą. Z pomocą przychodzi im Ned Land, który również został wrzucony do wody, ale udało mu się stanąć na narwalu. Zwierzę jest według niego wykonane z metalu, co wyjaśnia, dlaczego har-pun zawiódł. "Ryba ze stali" (s. 53) nagle się otwiera i ośmiu mężczyzn wciąga do środka trzech towarzyszy.

ROZDZIAŁ 5

Próbują się wytłumaczyć spokojnie wyglądającemu mężczyź-nie, który oferuje im ubrania, a także coś do jedzenia i picia, ale ten milczy. Na wytwornych naczyniach widnieje motto *Mobilis in Mobili*, czyli "ruchome w ruchomym". Pozostawieni sami sobie, trzej wyczerpani towarzysze zasypiają.

ROZDZIAŁ 6

Kiedy się budzą, dołącza do nich gospodarz i robi im wyrzuty, że zakłócają jego samotność. Przedstawia się: nazywa się Nemo i jest kapitanem łodzi podwodnej *Nautilus.* Zerwawszy ze społeczeństwem, wychwala morze, jedyny obszar wolności. Ogłasza im, że odtąd są jego więźniami.

ROZDZIAŁ 7

Oprowadza Aronnaxa po *Nautilusie*, a ten zachwyca się licznymi książkami i dziełami sztuki, które mieści łódź podwodna. Profesor osiada w zarezerwowanej dla niego wygodnej kabinie, wyposażonej w elektryczność, jak cała łódź podwodna. Nemo, niezmiernie bogaty inżynier, sam zbudował ten wspaniały statek.

ROZDZIAŁ 8

8 listopada Nemo wyprowadza okręt podwodny na powierzchnię, by określić jego pozycję. Okazuje się, że znajduje się niedaleko Japonii. Następnie maszyna ponownie się zanurza i przez kilka dni trzej mężczyźni są pozostawieni sami sobie, nie widząc Nemo ani załogi. Aronnax wykorzystuje ten czas na odwiedzenie obszernej biblioteki, liczącej 12 milionów tomów, udostępnionej przez kapitana. 16 listopada otrzymuje od Nemo zaproszenie na polowanie w podwodnym lesie.

ROZDZIAŁ 9

Wyposażony w zaprojektowane przez Nemo skafandry do nurkowania, Aronnax i jego towarzysze ze zdumieniem odkrywają podwodne lądy i zabijają monstrualnego, metrowego kraba-pająka.

ROZDZIAŁ 10

Mijają kolejne tygodnie. Mężczyznom nie wystarcza wpatrywanie się w widok przez okna wspaniałego salonu. 1 stycznia 1868 roku zdradzają sobie nawzajem swoje postanowienia. Nemo nadal jest dyskretny jak zawsze, rzadko się pojawia. Okręt podwodny rusza w kierunku Oceanu Indyjskiego. 19 stycznia jeden z marynarzy umiera, zraniony przez maszynę, a Aronnax, Conseil i Ned uczestniczą w jego dziwacznym podwodnym nabożeństwie żałobnym, otoczeni koralowcami.

ROZDZIAŁ 11

23 stycznia Nemo zaprasza swoich gości do odwiedzenia miejsca połowu pereł tuż przy wyspie Cejlon. Odkrywają oni perłę wielkości orzecha kokosowego, w ostrydze o szerokości dwóch metrów. Nemo postanawia pozostawić ją, by jeszcze bardziej urosła, zanim ją zbierze. Następnie natykają się na indyjskiego poławiacza pereł, który nagle zostaje zaatakowany przez rekina. Nemo, uzbrojony w swój sztylet, rozpoczyna straszliwą walkę z rekinem. Zmiażdżony przez zwierzę, zawdzięcza życie Nedowi, który wystrzeliwuje swój harpun. Nemo następnie wydobywa Hindusa na powierzchnię i daje mu worek z perłami. Zaintrygowanemu jego gestem Aronnaxowi odpowiada,

że Hindus "jest mieszkańcem uciśnionego kraju" (s. 229), z którym zawsze będzie czuł więź.

ROZDZIAŁ 12

5 lutego *Nautilus* wpływa na wody Morza Czerwonego, podczas gdy trzej towarzysze są jeszcze nieświadomi celu swojej podróży. Przekraczają przejście przez Suez podwodnym tunelem i znajdują się na Morzu Śródziemnym. Wieczorem nurek sygnalizuje Nemo przez okno salonu. Następnie kapitan zamyka w torbie ogromną ilość sztabek złota wydobytych ze skrzyni i znika na jakiś czas.

ROZDZIAŁ 13

Łódź podwodna wkrótce opuszcza Morze Śródziemne, zamknięte przez lądy, których Nemo nienawidzi, i przenosi się na Ocean Atlantycki. Ned, który od początku podróży myślał tylko o ucieczce, jest podekscytowany pomysłem płynięcia wzdłuż wybrzeży Hiszpanii: ta bliskość być może da mu szansę na ucieczkę. Nemo wysyła swoich ludzi do wraku rozbitej hiszpańskiej łodzi z poprzedniego wieku, który jest przepełniony złotem i pieniędzmi. Zapewnia Aronnaxa, że wykorzysta te skarby, aby pomóc mniej szczęśliwym.

ROZDZIAŁ 14

Nautilus odwraca się od Hiszpanii, ku wielkiemu rozczarowaniu Neda. 20 lutego Nemo zaprasza narratora na nocny podwodny spacer. Oświetlenie jest niepotrzebne, gdyż dno morza oświetlają fosforyzujące oczy gigantycznych skorupiaków.

Aronnax odkrywa wtedy ruiny starożytnego zatopionego miasta, u stóp wulkanu wypluwającego potoki lawy. Z ciekawością obserwuje kapitana, który pisze na skale jedno słowo: ATLANTYDA.

ROZDZIAŁ 15

Następnie *Nautilus* zatrzymuje się na jakiś czas w centrum wygasłego wulkanu, który jest zanurzony w morzu. Kapitan wyjaśnia Aronnaxowi, że jest to jego port macierzysty, do którego regularnie przypływa, aby zaopatrzyć się w węgiel do zasilania maszyn. W tym miejscu morze faktycznie pokrywa ogromne lasy, które zostały zanurzone, a następnie zmineralizowane. Od przybycia Aronnaxa, który myśli, że opłynie świat, łódź podwodna przebyła 13 000 mil. Niemniej jednak, zamiast kontynuować podróż w kierunku zachodnim, *Nautilus* kieruje się w stronę bieguna południowego, gdzie Francuz wkrótce dostrzega pierwsze góry lodowe. Nemo chce je przekroczyć, by dotrzeć do "tego nieznanego punktu, z którego wypływa każdy południk globu" (s. 328).

ROZDZIAŁ 16

20 marca, przekroczywszy pole lodowe podwodną trasą, *Nautilus* dociera do bieguna południowego. Nemo jako pierwszy stawia stopę na lądzie. *Nautilus* wraca następnie na swoją trasę, ale kilka dni później znajduje się w otoczeniu ogromnej góry lodowej. Zapasy powietrza wystarczają na dwa dni, po czym trzeba wrócić na powierzchnię i przebić się przez 6 500 metrów sześciennych lodu, aby uwolnić łódź podwodną, co jest prawie niemożliwe. Praca jest wyczerpująca dla nurków,

a tlen szybko zaczyna się kończyć. Aronnax, który łapczywie łyka powietrze, jest przekonany, że koniec jest bliski. Jednak *Nautilus w* końcu przebija się do wody.

ROZDZIAŁ 17

W kwietniu *Nautilus* podąża wzdłuż wybrzeży Ameryki Południowej, a następnie Antyli – siedziby ośmiornic olbrzymich. Załoga widzi siedem tych monstrualnych stworzeń. Muszą z nimi walczyć, gdyż ich macki unieruchamiają śruby napędowe *Nautilusa*. *Nautilus* wraca więc na powierzchnię i otwiera swój właz, ale do środka dostaje się gigantyczna kałamarnica i zabija marynarza. Mężczyźni ostatecznie, po zaciętej walce, zabijają 12 ośmiornic, które otoczyły łódź podwodną.

ROZDZIAŁ 18

W maju *Nautilus zbliża się* do wybrzeży Irlandii i zatrzymuje się w pobliżu wraku statku *Mściciel,* którego historię Nemo opowiada z eksycytacją: 74 lata wcześniej statek wybrał zatonięcie, zamiast poddać się Anglikom. Kiedy łódź podwodna wraca na powierzchnię, zostaje zbombardowana przez statek. Kapitan, nagle poruszony bezlitosnym uczuciem nienawiści, postanawia przeciąć go pod wodą na pół, powodując zatonięcie statku. Nemo wycofuje się wtedy do swojej kajuty i klęka ze łzami przed portretem kobiety i dwójki małych dzieci.

ROZDZIAŁ 19

Aronnax jest przerażony Nemo, zdolnym do takiej masakry niewinnych. Przez 20 dni łódź podwodna pędzi w kierunku północnego Atlantyku, bez widocznych członków załogi. Aronnax i jego towarzysze postanawiają uciec małą łódką, którą Ned zauważył na pobliskim lądzie. Jednak Nemo w rzeczywistości skierował już łódź podwodną, dobrowolnie lub nie, w kierunku maelstromu, potężnego wiru między dwoma norweskimi wyspami, z którego żaden statek nie ucieka bez szwanku. Mała łódź zostaje wtedy wyrzucona na skałę, a Aronnax traci przytomność.

ZAKOŃCZENIE

Profesor budzi się w rybackiej chacie, otoczony przez Neda i Conseila, którzy są cali i zdrowi. Nie mają żadnych wieści o *Nautilusie* ani o ich kapitanie. Aronnax jest mu wdzięczny za tę niesamowitą podróż, ma nadzieję, że przeżył i że nienawiść w nim wreszcie ustąpiła.

STUDIUM POSTACI

NEMO

Nemo jest kapitanem łodzi podwodnej *Nautilus*, którą sam zbudował. Zakładamy, że był kiedyś żonaty i był ojcem. Narrator określa go jako "człowieka wód, dżina morza" (s. 420). Ten odważny osobnik, bliski swoim ludziom, enigmatyczny, sympatyczny, spokojny, wyrafinowany miłośnik książek i dzieł sztuki, przez całą opowieść zachowuje wzorową grzeczność i dyskrecję. Zdarza się, że izoluje się na kilka dni naraz i w ten sposób zasłużył na swoje imię (*nemo* oznacza po łacinie "nikt"). Nikt nie zna przyczyn jego mizantropii i wyboru życia pod powierzchnią morza. Przedstawia się jako obrońca krzywd, który zawsze jest po stronie uciśnionych. Jego wybuch nienawiści, który powoduje, że pod koniec powieści zatapia statek atakujący *Nautilusa,* wydaje się być możliwą zemstą.

PIERRE ARONNAX

Jako narrator historii, to z jego punktu widzenia opowiadana jest niesamowita odyseja *Nautilusa*. Aronnax, profesor Muzeum Historii Naturalnej w Paryżu, zostaje zaproszony do udziału w ekspedycji mającej na celu schwytanie tajemniczego zwierzęcia, które nawiedza siedem mórz. Uczyniony więźniem kapitana Nemo, w ciągu dziesięciu miesięcy przemierza 20 000 mil podmorskiej żeglugi na pokładzie *Nautilusa*, bierze udział w niesamowitych przygodach i uczy się doceniać dziwną osobowość kapitana Nemo.

CONSEIL

Ten Flamandczyk, "flegmatyczny z natury, regularny z zasady, gorliwy z przyzwyczajenia" (s. 17), jest służącym Aronnaxa. Pasjonuje się on klasyfikacją gatunków przyrodniczych i przez całą opowieść napełnia się entuzjazmem z powodu ogromnych odkryć, jakich dokonuje w podwodnym świecie. Ponieważ jest bardzo blisko swojego pana, nie waha się wskoczyć za nim, gdy Aronnax zostaje wyrzucony ze statku podczas pierwszej wyprawy.

NED LAND

Doświadczony harpunnik Ned Land jest członkiem wyprawy, zostaje też wyrzucony ze statku i uczyniony więźniem przez Nemo. Jest Kanadyjczykiem, "z niebywałą szybkością ręki" (s. 24), która przydaje się przy kilku okazjach na *Nautilusie*. Ma dużą siłę fizyczną, jest mało komunikatywny i może stać się agresywny. Ciągle chce się wydostać z łodzi podwodnej i jest wściekły z powodu bycia więźniem. Dzięki swojej odwadze ratuje jednak życie Nemo.

ANALIZA

ZARYS NARRACJI

Sytuacja początkowa: jest to początek opowiadania, moment, w którym rozgrywa się scena i wprowadzani są bohaterowie; sytuacja jest zrównoważona, co oznacza, że nie ma powodu, aby się zmieniła.

- Aronnax, narrator, bierze udział w wyprawie, której zadaniem jest schwytanie morskiego potwora.

Element zakłócający: jest to wydarzenie, które zakłóca sytuację wyjściową i które spowoduje uruchomienie opowieści.

- Wyrzucony ze statku wraz ze swoim sługą i harpunnikiem z wyprawy, Aronnax zostaje więźniem na pokładzie łodzi podwodnej *Nautilus.*

Rozwój: są to zdarzenia wywołane przez element zakłócający, które powodują działanie lub działania podjęte przez bohatera w celu rozwiązania problemu.

- Przez dziesięć miesięcy trzej mężczyźni przemierzają siedem mórz, odkrywają cuda morskiego dna (gigantyczne ostrygi, zatopione miasto itp.), ale też stawiają czoła jego niebezpieczeństwom (walka z gigantycznymi ośmiornicami, atak ze statku itp.) pod egidą tajemniczego kapitana Nemo.

Wynik: kończy rozwój wydarzeń i prowadzi do zakończenia.

- Zbliżając się do norweskiej burzy, trzej towarzysze uciekają małą łódką, która rozbija się o skałę.

Zakończenie: to koniec historii; sytuacja jest znów stabilna, jak sytuacja wyjściowa, ale uległa przekształceniu.

- Uciekają cali i zdrowi, ale *Nautilus* zniknął.

POWIEŚĆ PRZYGODOWA

Gatunek literacki powieści przygodowej, do którego należy *20 000 mil podmorskiej żeglugi, powstał w* drugiej połowie XIX wieku, zainicjowany przez powieści takie jak *Robinson Crusoe* Daniela Defoe (1719). Dzieła te powstawały głównie w Anglii, a ich autorami byli Joseph Conrad (*Lord Jim*, 1900) i Robert Louis Stevenson (*Wyspa skarbów,* 1883) oraz we Francji Alexandre Dumas, père (*Trzej muszkieterowie,* 1844; *Hrabia Monte Cristo,* 1845) i Jules Verne. Jest to rodzaj literatury popularnej, która często ukazuje się w formie seryjnej w gazetach i której celem jest przede wszystkim dostarczenie czytelnikowi rozrywki i eskapizmu.

Powieść przygodowa łączy w sobie następujące cechy, które odnajdujemy również w badanym utworze:

- Pojawia się w niej wiele niezwykłych wydarzeń. Jako przykłady możemy przytoczyć liczne przeszkody, z którymi borykają się pasażerowie *Nautilusa:* góry lodowe, podwodne zwierzęta, atak ze statku itp.

- Napięcie jest stale utrzymywane, aby zainteresować czytelnika, dzięki wielu nieoczekiwanym wydarzeniom, co czasami prowadzi do pewnego lekceważenia wiarygodności.

Na przykład w ostatniej części opowieści załoga musi walczyć z inwazją gigantycznych ośmiornic, które dostały się do wnętrza łodzi podwodnej.

- Odwołuje się do egzotycznej rzeczywistości. Dno morskie jest opisane z precyzją, a atmosfera stworzona przez Julesa Verne'a graniczy z fantastyczną (zatopione miasto, przerośnięte potwory itp.).

- Znajdziemy tu postacie sztampowe, które nie są złożone psychologicznie. Nemo przez całą opowieść pozostaje niewzruszony, zastanawiając się nad nadchodzącą zemstą, Ned Land sprowadza się do swojej siły fizycznej, a Conseil od początku do końca jest oddany swojemu panu do tego stopnia, że podąża za nim w każde nieszczęście.

- Przedstawia ona świat czarno-biały. Wyraźnie wyróżniamy opozycję między dobrem a złem. Nemo, miły i uprzejmy, potrafi być brutalny, ale wyczuwamy, że mści się za wcześniejszą niesprawiedliwość. Aronnax i jego towarzysze, choć są więźniami, są mu wdzięczni za to, co odkryli i trzymają się razem. Potwory morskie i statek, który atakuje *Nautilusa,* są postrzegane jako agresorzy.

- Wreszcie, jest ona skierowana przede wszystkim do dorastających młodych dorosłych odbiorców. Czarno-biały świat powieści przygodowych być może tłumaczy młodość większości czytelników tego gatunku: uwodzi ich śmiała inicjatywa Nemo i mogą się identyfikować na przykład z Nedem Landem, który dzięki swojej odwadze i sile wyciąga innych bohaterów z trudnych sytuacji.

20 000 mil podmorskiej żeglugi odpowiada więc definicji powieści przygodowej podanej przez Roberta Louisa Stevensona: "inscenizacja każdego marzenia małego chłopca".

DALSZE CZYTANIE

WYDANIE REFERENCYJNE

Verne, J. (2000) *20 000 mil podmorskiej żeglugi.* Tłum. Lewis, M. New York: Scholastic, Inc.

Chcemy usłyszeć od Ciebie, co się dzieje!
Zostaw komentarz na temat swojej internetowej biblioteki
i podziel się swoimi ulubionymi książkami w mediach społecznościowych!

www.50minutes.com

Master ISBN: 9782808694735
Papierowy ISBN: 9782808616133
Depozyt prawny: D/2023/12603/1893

Verhaal: © Primento

Projekt cyfrowy: Primento, cyfrowy partner wydawców.